POR QUÉ NOS GUSTA
EL HOCKEY

BLACK RABBIT BOOKS

AIDAN WHITCOMB

TABLA DE CONTENIDOS

1

Orígenes helados

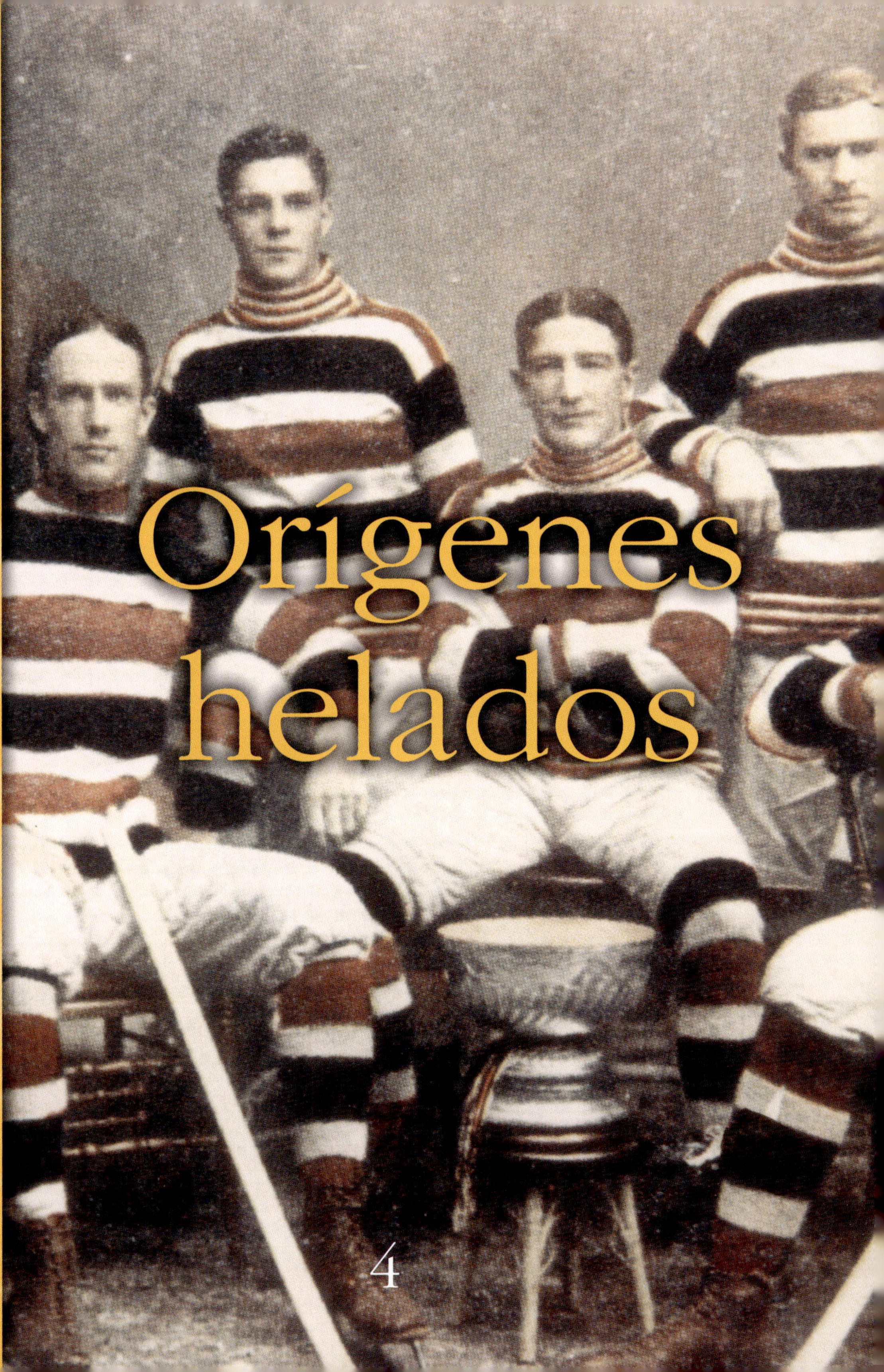

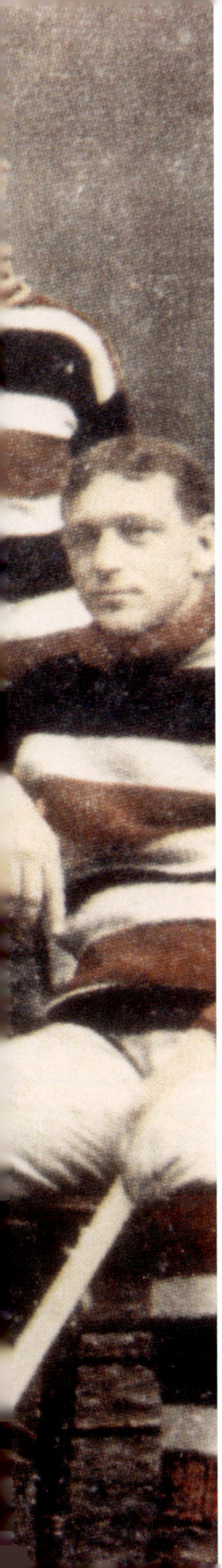

El hockey es un deporte popular en lugares fríos. Comenzó en Canadá. El primer partido se jugó en 1875. Luego, se expandió a los Estados Unidos. Ganó muchos nuevos aficionados. A la gente le encanta la acción sobre el hielo y las jugadas rápidas.

La Liga Nacional de Hockey (NHL) se creó en 1917. Hoy en día, hay 32 equipos en la NHL. La Liga Profesional de Hockey Femenino (PWHL) se fundó en 2023. Cuenta con seis equipos. Los aficionados esperan que la liga femenina también se vuelva popular.

¿Sabías que...?
El hockey es el deporte nacional de Canadá.

2

En la pista

Los partidos de hockey son emocionantes. Están llenos de energía. Las pistas son ruidosas... ¡y frías! Los aficionados se abrigan para ver a los equipos deslizarse sobre el hielo. Es un deporte intenso. Hay tiros rápidos de slapshot (tiro de golpe) y entradas agresivas. Los jugadores pueden ser agresivos.

Los aficionados animan a su equipo. Celebran sus goles. Gritan el nombre de los jugadores que anotan. Un jugador puede lanzar un disco a las gradas.

¿Sabías que...?

Un triplete ocurre cuando un jugador marca tres goles en un partido. Los aficionados lanzan sus gorras al hielo.

3 Leyendas del hielo

Wayne Gretzky

Los aficionados al hockey aman ver a las superestrellas. Wayne Gretzky es un jugador legendario. Ganó nueve premios **MVP** de la NHL. ¡Es el récord histórico! Los aficionados lo llaman "The Great One".

Sidney Crosby es otra leyenda. Ha ganado tres campeonatos de la NHL. Crosby impresiona a los aficionados cada vez que está en el hielo.

Kendall Coyne-Schofield es una leyenda del hockey femenino. Patina a una velocidad increíble. Ganó seis Campeonatos Mundiales. Los aficionados la consideran una de las mejores jugadoras estadounidenses.

Piensa en esto
¿Qué hace que un jugador de hockey sea legendario?

Kendall Coyne-Schofield

Defender la portería

4

Patrick Roy

Los porteros son jugadores muy importantes. Detienen los disparos del equipo contrario. A los aficionados les encanta ver a los mejores porteros de la NHL. Tienen reflejos rápidos. Necesitan estar concentrados. Los porteros son la última línea de **defensa**.

Uno de los porteros legendarios fue Patrick Roy. Hizo muchas paradas increíbles. Muchos aficionados lo consideran el mejor portero de la historia. Roy ganó cuatro títulos de la Copa Stanley. También ganó el premio MVP de los playoffs tres veces. ¡Es el récord histórico!

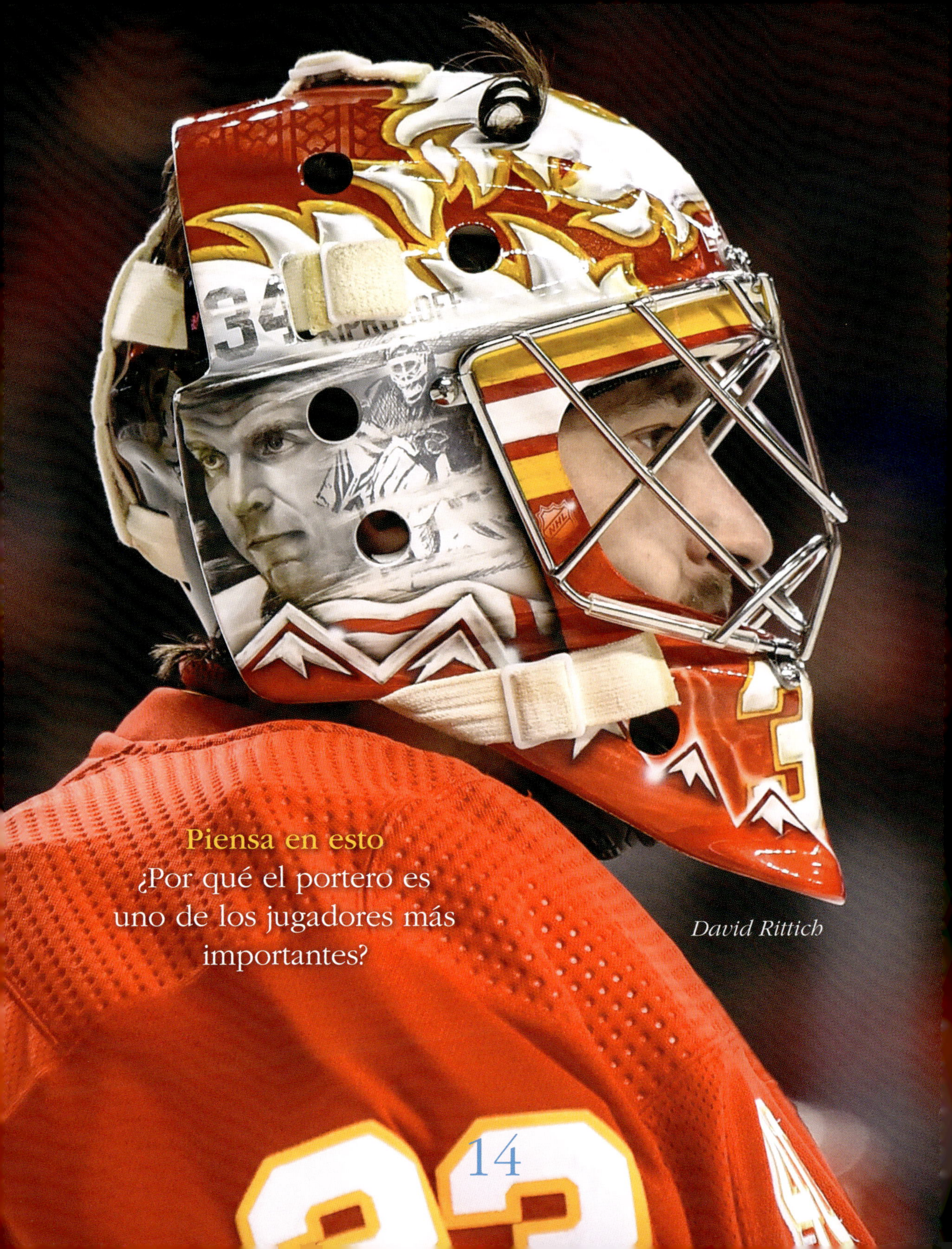

David Rittich

Piensa en esto
¿Por qué el portero es uno de los jugadores más importantes?

5

La Copa Stanley

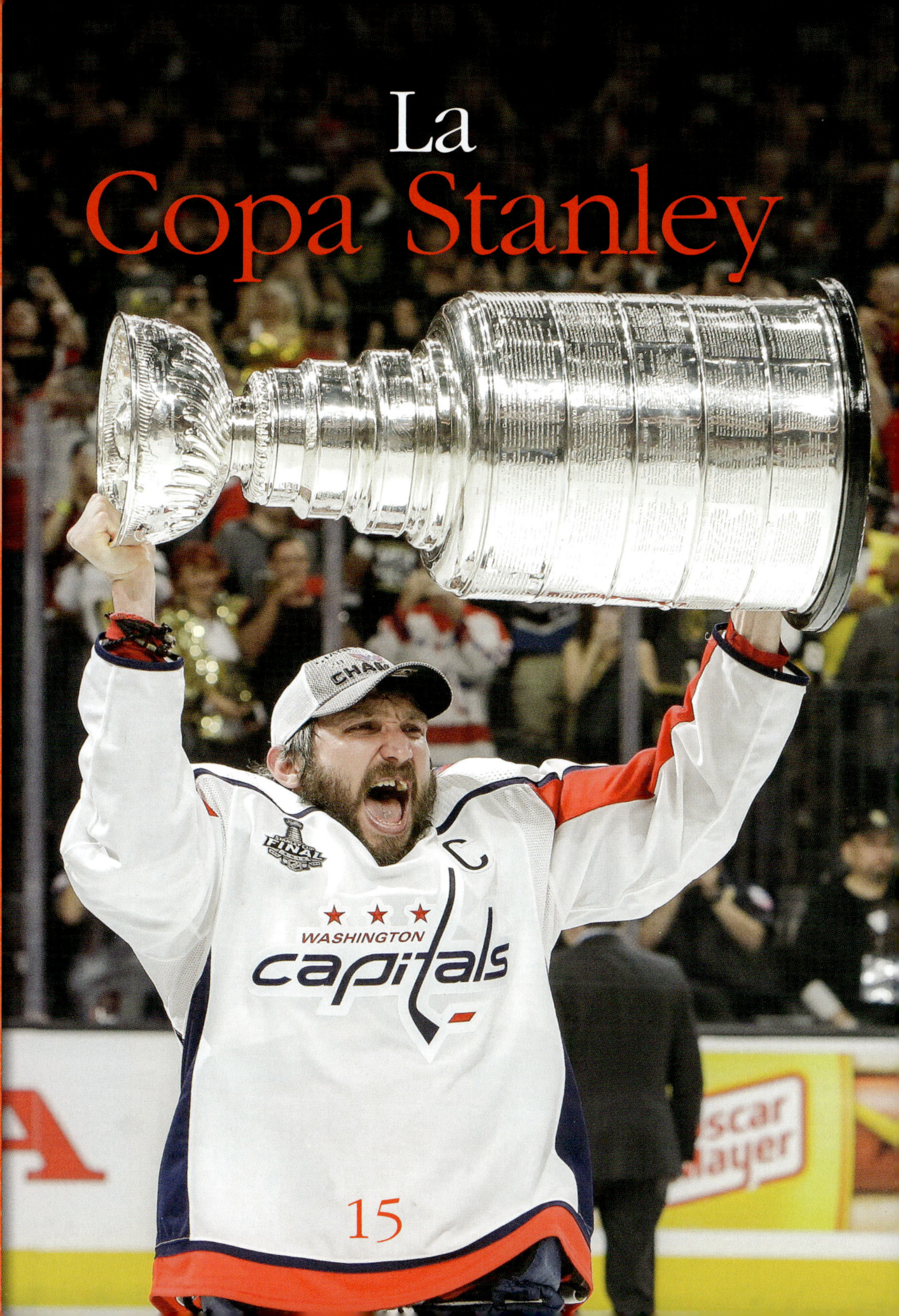

La Copa Stanley es el trofeo de la NHL. Es el trofeo deportivo más antiguo de América del Norte. El primer campeón de la Copa Stanley lo fue en 1893. Los Montreal Canadiens la ganaron 24 veces. ¡Es el equipo con más títulos!

El trofeo tiene una rica historia. Cada jugador que gana la Copa Stanley tiene su nombre grabado en ella. Hay más de 1,300 nombres de jugadores en el trofeo. Muchas leyendas de la NHL han dejado su nombre en la Copa.

¿Sabías que…? ¡La Copa Stanley es enorme!

peso: 34.5 libras (16 kilogramos) • altura: 3 pies (0.9 metros)

6

El hockey en los Juegos Olímpicos

El hockey se juega en todo el mundo. Los Juegos Olímpicos de Invierno se celebran cada cuatro años. Compiten tanto el hockey masculino como el femenino. Los equipos de EE. UU. y Canadá tienen una gran **rivalidad**.

El "Milagro sobre hielo" es un partido olímpico famoso. En 1980, EE. UU. venció a la Unión Soviética. Fue una gran **sorpresa**. La victoria generó una nueva fiebre por el hockey en Estados Unidos.

¿Sabías que...?
Hayley Wickenheiser tiene el récord de más goles y asistencias en el hockey femenino olímpico, con un total de 51.

El equipo de EE. UU. celebra la victoria en el partido del "Milagro sobre hielo".

Hayley Wickenheiser

MÁS PARA EXPLORAR

DATOS FANTÁSTICOS

El Utah Hockey Club es el equipo más nuevo de la NHL. Se unió en 2024.

El primer partido de la NHL fuera de América del Norte se jugó en Japón en 1997.

Los equipos femeninos de hockey de EE. UU. y Canadá han ganado medallas en todos los Juegos Olímpicos en los que han participado.

Canadá ha ganado 14 medallas de oro olímpicas en hockey masculino y femenino.

Natalie Spooner lideró la liga con 20 goles en la primera temporada de la PWHL.

Zdeno Chara tiene el disparo más rápido en la historia de la NHL, con una velocidad de 108.8 millas (175 kilómetros) por hora.

MÁS PARA EXPLORAR

COMPARACIONES INTERESANTES

¿Qué jugadores de la NHL tienen más tripletes?

(desde 2024)

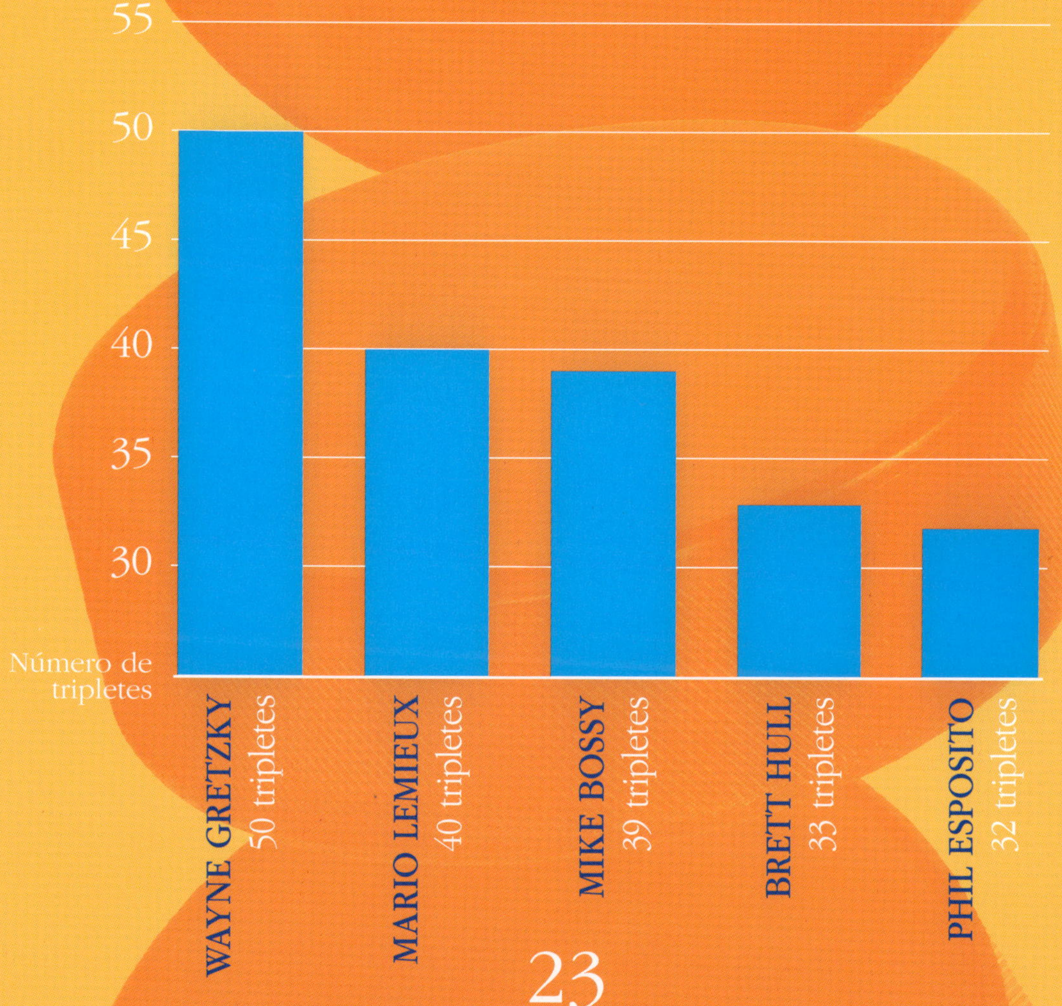

MÁS PARA EXPLORAR

RECURSOS

Glosario

entrada Acción de detener o golpear a un oponente para robar el disco.

defensa Los jugadores de un equipo que tratan de evitar que el otro equipo anote.

grabar Cortar o tallar líneas, letras o un diseño en una superficie dura.

liga Un grupo de equipos deportivos que juegan unos contra otros.

MVP Un premio otorgado al mejor jugador de la liga cada temporada; en inglés, MVP significa “jugador más valioso”.

rivalidad La situación en la que personas o grupos compiten entre sí.

sorpresa Una competencia ganada por una persona o equipo que se esperaba que perdiera.

Índice alfabético

TOP RANK es publicado por Black Rabbit Books, P.O. Box 227, Mankato, MN, 56002. • • Top Rank un sello de Black Rabbit Books • Diseño de Danny Nanos • Fotografías © Associated Press/John Crouch/Cal Sport Media, 2, 15, Ric Tapia, cover, 1; Dreamstime/Gemenacom, 5, Vanessa Van Rensburg, 18; Getty Images/Andrew D. Bernstein, 8–9, B Bennett, 4, Brett Holmes/Icon Sportswire, 14, Focus On Sport, 20, John Leyba, 12–13, Troy Parla, 11; Shutterstock/Dmitry Argunov, 6, Grushin, 7, 23, Jai Agnish cover, 1, 10, Luca Santilli, 13, Ridex Official, 16; Wikimedia Commons/Alex Goykhman, 17, Fanny Schertzer, 19, public domain, 21 • Impreso en India.
Library of Congress Cataloging-in-Publication Data: Names: Whitcomb, Aidan, author. I Title: Por qué nos gusta el hockey / by Aidan Whitcomb. I Other titles: Why we love hockey. Spanish I Description: Mankato, MN: Top Rank is an imprint of Black Rabbit Books, [2026] I Series: Por qué nos gustan los deportes I Includes index. I Ages 8–11 I Grades 2–3 I Identifiers: LCCN 2024054678 (print) I LCCN 2024054679 (ebook) I ISBN 9781644669778 (lib. bdg.) I ISBN 9781644669914 (paperback) I ISBN 9781645824473 (ebook) I Subjects: LCSH: Hockey—Juvenile literature. I Hockey players—Juvenile literature. I Stanley Cup (Hockey)—Juvenile literature. I National Hockey League—Juvenile literature. I Classification: LCC GV847.25 .W54518 2026 (print) I LCC GV847.25 (ebook) I DDC 796.962/64—dc23/eng/20241224